EXPERIMENTOS SENCILLOS CON LA ELECTRICIDAD

Glen Vecchione

Ilustraciones de Horacio Elena

COLECCIÓN DIRIGIDA POR CARLO FRABETTI

Títulos originales: *100 First-Prize Make-It-Yourself Science Fair Projects* (selección páginas: 111-133) y *100 Award-Winning Science Fair Projects* (selección páginas: 57-71, 74-77 y 80-81)
Publicados en inglés por Sterling Publishing Co., Inc., New York

Traducción de Joan Carles Guix

Diseño de cubierta: Valerio Viano

Ilustración de cubierta e interiores: Horacio Elena

Distribución exclusiva:
Ediciones Paidós Ibérica, S.A.
Mariano Cubí 92 – 08021 Barcelona – España
Editorial Paidós, S.A.I.C.F.
Defensa 599 – 1065 Buenos Aires – Argentina
Editorial Paidós Mexicana, S.A.
Rubén Darío 118, col. Moderna – 03510 México D.F. – México

© 1998, Sterling Publishing Co., Inc., New York
© 2001, Sterling Publishing Co., Inc., New York

© 2002 exclusivo de todas las ediciones en lengua española:
    Ediciones Oniro, S.A.
    Muntaner 261, 3.º 2.ª – 08021 Barcelona – España
    (oniro@edicionesoniro.com - www.edicionesoniro.com)

ISBN: 84-9754-024-7
Depósito legal: B-32.052-2002

Impreso en Hurope, S.L.
Lima, 3 bis – 08030 Barcelona

Impreso en España – *Printed in Spain*

Dedicatoria

Para Briana y Nicholas.

Agradecimientos

Quiero dar las gracias a cuantos me han ayudado
a diseñar y ensayar los experimentos de este libro:

Holly, Rick y R. J. Andrews
Lenny, Claire y Kyrstin Gemar
Cameron y Kyle Eck
Lewis, Hava y Tasha Hall
Jeri, Bryan y Jesse James Smith
Tony y Kasandra Ramirez
Joe, Kate y Micaela Vidales
Debbie y Mark Wankier
Stephen Sturk
Nina Zottoli
Eric Byron
Andy Pawlowski

Vaya también mi especial agradecimiento para
mi amigo David Lee Ahern

Y como siempre,
para Joshua, Irene y Briana Vecchione

Índice

Experimentos de electricidad   **13**

Muelle • Galvanizado de una llave •
Electroscopio • Cómo leer un contador eléctrico •
Trigo saltarín • Limpiar la plata • Bailarines •
Bobina de inducción y galvanómetro • Control de
la corriente eléctrica • Flor electrostática • Media
• Motor de corriente de fuga • Indicador de
polaridad de una patata

Chispas y ondas   **73**

Generador de agua electrostático • Protobatería:
la pila voltaica • Campos magnéticos de un
conductor • Vista macroscópica de los dominios
magnéticos • Botella de Leyden • Disco
electróforo • Emisiones desde el ordenador •
Comparación de la conducción térmica en cuatro
metales • Energía eléctrica de una termopila •
Punto Curie del gadolinio

Experimentos de electricidad

Muelle

Galvanizado de una llave

Electroscopio

Cómo leer un contador eléctrico

Trigo saltarín

Limpiar la plata

Bailarines

Bobina de inducción y galvanómetro

Control de la corriente eléctrica

Flor electrostática

Media

Motor de corriente de fuga

Indicador de polaridad de una patata

Muelle

Material necesario

Hilo de cobre fino

Hilo de cobre grueso o clavo de cobre

2 trozos de hilo aislado

Bola de espuma de estireno pequeña

Recipiente pequeño

Lápiz afilado

Sal

Pila de 6 voltios

Libros

Cinta adhesiva

Tijeras

Si haces pasar corriente eléctrica a través de un hilo de cobre puedes conseguir que éste se comporte de formas misteriosas. Este experimento demuestra cómo una bobina de hilo adquiere propiedades magnéticas cuando transporta corriente eléctrica en un circuito cerrado.

Procedimiento

1. Enrolla el cable de cobre en el lápiz, sin que se yuxtaponga, formando una bobina. Una vez envuelto, desliza la bobina con mucho cuidado, liberando el lápiz.

2. Introduce el hilo grueso de cobre en la bola de espuma de estireno de modo que las puntas del

cable sobresalgan de la bola. Clava el lápiz (por la punta) en un lado de la bola, perpendicularmente al cable.

3. Pega el otro extremo del lápiz a la cubierta de un libro con la cinta adhesiva. Coloca el libro encima de un montón de libros (altura aproximada de 12,5 cm). Ahora, el lápiz, la espuma y el cable distan 12,5 cm de la superficie en la que se realiza el experimento.

4. Estira la bobina de cobre hasta conseguir que adquiera la forma de un muelle. Alarga un poco las puntas del muelle y enrosca una de ellas alrededor del trozo de hilo de cobre grueso que sobresale de la parte inferior de la bola de espuma de estireno.

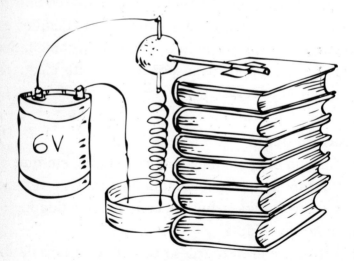

Cubeta de electrólisis

5. Con la ayuda de un adulto, extrae el plástico aislante de los extremos de los dos trozos de hilo electroaislado. Engancha los dos hilos en cada uno de los polos de la pila.

6. Pega los otros extremos al hilo de cobre grueso que se asoma por la parte superior de la bola de espuma de estireno.

7. Llena el recipiente con agua templada y añade sal hasta saturar la disolución. Sumerge el extremo libre del muelle en el agua salada.

8. Coge el otro hilo aislado de la pila e introdúcelo también en la solución salina.

Resultado

Cuando el hilo que está conectado a la pila toca el agua salada el muelle de cobre rebota y sigue moviéndose hasta que sacas el hilo del agua.

Explicación

La pila, los hilos, el muelle de cobre y el agua salada forman un circuito simple. Cuando sumerges el extremo del hilo conectado a la pila en el agua, completas el circuito, ya que la electricidad circula por un circuito cerrado. La corriente eléctrica pasa por el muelle y lo convierte en un imán, con un polo positivo y un polo negativo.

Dado que los polos positivos y negativos se atraen, el muelle ejerce una fuerza atractiva. Sin embargo, cuando esto ocurre, el extremo inferior del muelle sale del agua, interrumpe el circuito y detiene el flujo eléctrico. Sin electricidad, el muelle deja de comportarse como un imán y, por lo tanto, se ensancha, sumergiéndose de nuevo en el agua salada, restableciendo el circuito eléctrico, en cuyo caso, el muelle vuelve a comportarse como un imán y sigue rebotando.

¿Lo sabías?

Un electrólito es cualquier líquido capaz de conducir la electricidad. Los ácidos (vinagre, limón, zumo de tomate, etc.) son electrólitos excelentes. Muchas sales también lo son, incluso la sal neutra (cloruro sódico o sal de mesa), la sal ácida y la sal básica (bicarbonato sódico).

Galvanizado de una llave

Material necesario
Llave de latón
Lámina flexible de cobre
Envase de cartón de leche
Pila de 6 voltios
Hilo de cobre aislado, cortado en partes
    del mismo tamaño
Cola blanca
Cinta adhesiva de celofán
Sujetapapeles
Vinagre
Agua salada

La técnica de la electrólisis muestra importantes principios de la conductividad. Asimismo, convierte una llave mate y gris en una brillante y hermosa llave de cobre.

Objetivo:
Mostrar la interacción de los metales activos en un baño electrolítico.

Procedimiento
1. Corta el cartón de leche y transfórmalo en una bandeja de unos 10 cm de profundidad.
2. Llena la bandeja con la cantidad de vinagre suficiente para cubrir una supuesta llave en posi-

ción vertical. Añade sal al vinagre hasta saturar la disolución.

3. Pide a una persona adulta que retire el aislamiento de los extremos del cable aislado. Engancha un extremo del hilo en la terminal positiva de la pila, y el otro extremo en la lámina de cobre.

4. Dobla la lámina y colócala en un lado del cartón como si se tratara de un sujetapapeles. Sumerge al menos 7,5 cm de lámina en la solución de vinagre y sal.

5. Friega la llave de latón con detergente lavavajillas para eliminar la suciedad y la grasa.

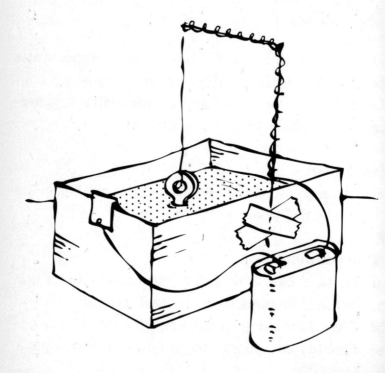

6. Introduce otro trozo de hilo de cobre por el orificio de la llave, de manera que quede bien sujeto. Conecta el otro extremo del hilo en la terminal negativa de la pila.

7. Dobla el sujetapapeles en forma de L y pega uno de los lados en el lateral del cartón. El otro lado de la L quedará colgado por encima del agua como si fuera una caña de pescar.

8. Cuelga el cable que está en la llave de la «caña de pescar»; ahora, debes tener la llave dentro de la solución. Para evitar que el hilo resbale, enrédalo en el sujetapapeles.

9. Observa los cambios que se van produciendo en la llave durante una hora.

10. Extrae la llave de la solución y examínala.

Resultado

Durante los primeros 20 minutos la llave adquiere un color similar al del cobre. Transcurrida una hora, se vuelve totalmente de color de cobre. Cuando se retira la lámina de cobre de la solución, es frágil y quebradiza.

Explicación

A medida que la corriente eléctrica pasa por la solución de vinagre y sal y por los metales, un metal pierde sus electrones en favor del otro. Los científicos llaman a los metales que pierden sus electrones «metales activos». En este caso concreto, el metal más activo, el cobre, ha perdido electrones a favor del latón, que es menos activo. La lámina de cobre se ha vuelto frágil y quebradiza porque la mayor parte de ella ha sido consumida por el latón. Si el proceso de galvanizado hubiera continuado durante varias horas, la lámina de cobre se habría disuelto completamente en la solución.

¿Lo sabías?

En el proceso de electrólisis, el metal más activo (en nuestro caso, el cobre) se llama ánodo y el menos activo (en nuestro caso, el latón) se denomina cátodo.

Asimismo, se puede galvanizar níquel en cobre, porque el níquel es el más activo de los dos.

Electroscopio

Material necesario

Jarra de cristal pequeña

Percha

Papel de aluminio

Cartulina

Lámina de Mylar plateada (de un globo
   de helio o de papel de envolver regalos)

Peine de plástico

Globo

Lápiz

Cinta adhesiva de celofán

Goma de caucho

Cinta aislante

Tenazas para alambre

Alicates

Un electroscopio es un aparato sencillo que se usa para medir la electricidad estática o la electricidad que fluye libremente por la atmósfera. La electricidad estática se obtiene debido a la fricción. Esta producción de electricidad por fricción puede ser tan inofensiva como un peine frotando el pelo, o tan poderosa como la fricción de los cristales de hielo en una tormenta.

Procedimiento

1. Utiliza las tenazas para cortar un trozo de cable recto de la percha. Con los alicates dobla un extremo en forma de L.

2. Coloca la jarra boca abajo en la cartulina y traza un círculo alrededor de la parte que ahora es la base.

3. Corta el círculo y hazle un pequeño orificio en el centro con el lápiz.

4. Con mucho cuidado, introduce el cable en el agujero de forma que sobresalga la parte recta unos 2,5 cm.

5. Con un poco de cinta adhesiva de celofán pega la mitad de la lámina de Mylar en el extremo doblado del cable, de forma que cuelguen dos mitades iguales.

6. Pega con goma de caucho el círculo de cartulina en la entrada de la jarra. El trozo de cable doblado debe quedar dentro de la jarra.

7. Asegura el círculo con cinta aislante y coloca un poco de goma de caucho alrededor del cable que se asoma por el orificio.

8. Antes de que la goma se seque, haz una bola con el papel de aluminio y aplícala en el cable.

9. Péinate y restriega el globo y el peine en tu ropa (la lana funciona mejor). A continuación, sostén el peine o el globo cerca de la bola de aluminio.

Resultado

Si el aire está suficientemente seco, los extre-
mos de la lá-
mina de
Mylar se
abren cuando
el peine o el glo-
bo tocan la bola
de aluminio.

Explicación

Un electroscopio
muestra la atracción y
repulsión de las cargas eléctricas. En toda activi-
dad eléctrica, las cargas iguales se repelen y las
cargas opuestas se atraen. Cuando friccionas con el
peine, el roce genera una carga positiva en el plástico. Si mantienes esta carga positiva cerca del aluminio, el peine atrae las cargas negativas que viajan a través del cable, de manera que únicamente
las cargas positivas permanecen en la lámina de
Mylar. Ambos lados de la lámina han quedado con
la misma carga y se separan.

Cómo leer un contador eléctrico

Material necesario

Bloc de notas y papel

Este experimento te enseñará a leer el misterioso aparato instalado en la pared exterior o interior de tu casa. Leer el contador te ayudará a calcular el número de kilovatios/hora que consumís y a aprender a conservar la energía en casa.

Tu casa utiliza energía eléctrica las veinticuatro horas del día. Cada vez que la compañía eléctrica os manda una factura, la cantidad de dinero que debéis pagar refleja la cantidad de electricidad que habéis consumido durante uno o dos meses. La compañía sabe a cuánto asciende dicho consumo porque lee el contador y efectúa algunos cálculos aritméticos sencillos.

Procedimiento

1. Localiza el contador de la luz. Busca un instrumento colgado en la pared, con cuatro dígitos y cubierto de un cristal circular.

2. Observa los cuatro «relojes» situados encima del contador. Los dígitos están numerados del 1 al 9. Las direcciones de las agujas se alternan: una en la misma dirección que las manecillas del reloj y la otra en dirección opuesta.

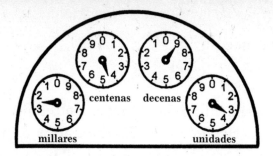

millares centenas decenas unidades

Lectura del contador: 2.493 kilovatios/hora

3. Lee la flecha de cada «reloj» de izquierda a derecha. Obtendrás un número con los cuatro dígitos que indican los «relojes». Si se diera el caso de que la aguja estuviera situada entre dos números, elige el número más pequeño. Por ejemplo, en este dibujo, elegirás el número 2.493.

4. Anota esta cifra, que representa la cantidad de kilovatios por hora que consumís.

5. Espera una semana y vuelve a observa las agujas. Anota el número. Has obtenido un nuevo resultado de kilovatios/hora.

6. Resta el primer número del segundo. Ahora tienes el número de kilovatios por hora consumidos en una semana.

7. Espera otra semana y lee de nuevo el contador. Réstale la cifra de la semana anterior. ¿Habéis consumido más o menos energía que la semana anterior?

8. Antes de volver a leer el contador, piensa en formas de conservar la electricidad. Apaga las luces cuando no las necesites y evita utilizar la tostadora. Si es posible, apáñatelas sin la plancha eléctrica o sin la secadora.

9. Compara la última lectura con las de las semanas anteriores.

10. Examina una factura de la compañía eléctrica reciente para ver cuánto vale cada kilovatio/hora (imagina que sean 10 céntimos). Multiplica los 10 céntimos por el número de kilovatios/hora de la factura y divídelo por 100 para saber cuánto has pagado cada mes. Compara los totales para saber lo que has conseguido ahorrar.

Resultado

Utilizar menos aparatos eléctricos disminuye el consumo de energía y, por lo tanto, el contador refleja un número más bajo. Esto significa que debes menos dinero a la compañía eléctrica.

Explicación

Cada mes, las compañías eléctricas saben lo que debes pagar porque mandan a una persona para que haga la lectura del contador de tu casa. Piensa en el kilovatio/hora como en una unidad de medida en lugar de una unidad de tiempo.

Cada kilovatio/hora representa 1.000 vatios de consumo de energía eléctrica. Si dejas una bombilla de 24 vatios encendida durante 40 horas, ésta consume 1.000 vatios, que se representan en el contador como 1 kilovatio/hora. Si dejas un secador de 500 vatios en marcha durante 2 horas, también utiliza 1.000 vatios de energía, 1 kilovatio/hora. Si la compañía eléctrica cobra 10 céntimos por kilovatio/hora, dejar el secador en marcha durante 2 horas o una bombilla de 25 vatios encendida durante 40 horas te costará lo mismo.

No obstante, cada compañía eléctrica tiene establecido un límite de consumo de energía. Es decir, tu casa sólo puede consumir cierto número de kilovatios/hora al mes, y cada kilovatio que exceda del límite costará más dinero.

Un vatio es una unidad muy pequeña para medir el consumo de energía. En un contador de electricidad, la aguja del «reloj» situado más a la derecha se mueve muy rápidamente porque mide los vatios de uno en uno; a su lado, la esfera mide los vatios en grupos de 10; la siguiente, los mide en grupos de 100; y, por último, una vuelta completa de la aguja situada más a la izquierda indica 1.000 vatios (1 kilovatio). La marca del kilovatio es la primera que puede leer el contador para calcular el número de vatios/hora.

Cada vuelta completa de un «reloj» hace que el

reloj siguiente dé la vuelta. El mecanismo entre los relojes vecinos es la razón por la cual se alternan en sus direcciones (sentido de las agujas del reloj y sentido contrario a las agujas del reloj).

¿Lo sabías?

Consulta la tabla de energía que figura en las páginas 32-33, en vatios por hora, de una instalación eléctrica para una casa común.

CONSUMO DE ELECTRICIDAD
DE UNA INSTALACIÓN ELÉCTRICA
PARA UNA CASA COMÚN

Consumo en vatios por hora

Aire acondicionado (una habitación)	1.389
Licuadora	15
Parrilla	100
Reloj	17
Secadora	993
Lavadora	103
Cafetera	106
Ordenador	25-400
Deshumidificador	377
Lavaplatos	165-363
Ventilador (que gira)	43
Ventilador (estático)	291
Batidora	13
Nevera (sin congelador)	1.820
Freidora	186
Triturador de basuras	30
Secador de pelo	14
Plancha	144
Microondas	300
Radio	86
Congelador	1.591-1.829

Estufa	1.205
Televisión (en blanco y negro)	362
Televisión (en color)	502
Tostadora	39
Aspiradora	46
Vídeo	10-70
Calentador de agua (estándar)	4.219

Trigo saltarín

Material necesario
Unos cuantos copos de trigo hinchado
Cacerola
Peine de plástico
Envase de cepillo de dientes de plástico
Prenda de vestir de lana

Se trata de producir electricidad estática en el trigo hinchado para mostrar la atracción y repulsión de las cargas de los electrones.

PRIMERA PARTE

Cepillar los electrones

Procedimiento

1. Coloca unos cuantos copos de trigo hinchado en una cacerola.
2. Frota el peine de plástico contra la pieza de lana durante unos segundos.
3. Rastrea los cereales de la cacerola con el peine. Observa cómo algunos copos se pegan al peine.
4. Con cuidado, retira el peine y los cereales que se han adherido. Sujeta el peine frente a ti y fíjate en lo que les sucede a los copos.

Resultado

Transcurridos 30 segundos, los copos de trigo hinchado se van cayendo del peine.

SEGUNDA PARTE

La caja de los electrones

Procedimiento

1. Introduce los copos en el envase de cepillo de dientes.
2. Frota el envase contra la pieza de lana durante unos 20 segundos.
3. Finalmente, observa lo que les ocurre a los granos de trigo dentro del envase de plástico.

Resultado

Los copos de trigo se adhieren a las paredes del envase de plástico. Pero, transcurridos 30 segundos, se despegan y empiezan a saltar.

Explicación

En circunstancias normales, un objeto posee el mismo número de electrones de carga negativa y de protones de carga positiva. Es decir, el objeto es eléctricamente neutro. No obstante, los electrones y los protones son distintos: mientras los primeros tienen la capacidad de moverse libremente, los segundos permanecen inmóviles.

Cuando frotas un objeto, como un peine de plástico con una prenda de vestir de lana, la fricción extrae los electrones de la ropa y los traslada al peine. Esto significa que el peine va a tener más electrones que la lana y se convertirá en un objeto con carga negativa. Si acercas el peine cargado negativamente a los cereales, que son neutros, los electrones del peine atraen a los protones del trigo. Pero al cabo de un rato, los electrones negativos del peine se trasladarán a los copos de trigo. Llegados a este punto, cereales y peine tienen la misma carga negativa. Dado que las cargas iguales se repelen, el trigo se desengancha del peine.

El envase del cepillo de dientes demuestra el mismo principio. Frotar el envase contra la lana lo carga de electrones que atraen a los copos neutros hacia las paredes de la cajita. Por un momento, los copos adquieren carga negativa y repelen la caja. Asimismo, también se repelen entre sí. Dentro del envase, los copos de trigo inflado saltan hasta perder su carga.

Limpiar la plata

Material necesario

Objetos de plata deslustrados

2 cacerolas de hierro o de acero inoxidable
   (no utilices aluminio)

Fogón

Agua del grifo

Detergente para lavavajillas

Láminas de papel de aluminio

Bicarbonato de sosa

Tenazas de plástico o de acero inoxidable

Los metales son sustancias químicamente activas. Por químicamente activas, los científicos entienden que una parte de los átomos del metal (llamados electrones) se separan de los átomos y se combinan con materiales externos al metal. Algunos metales son más químicamente activos que otros porque tienen la capacidad de perder un número mayor de electrones. Un metal químicamente activo cambia con mucha facilidad, como lo indica el deslustre en la plata y el óxido en el hierro.

Dado que todos los metales son más o menos químicamente activos, puedes invertir el proceso de pérdida de electrones y añadirlos al metal. Los científicos realizan este proceso tomando electrones de un metal más activo (como el cobre) y proporcionándoselos a un metal menos activo (como el cinc). Es la base de la electrólisis.

La electrólisis puede hacer recuperar el lustre de la plata remplazando los electrones que ha perdido. La pérdida de brillo de la plata muestra dónde la pérdida de electrones ha sido más fuerte.

Procedimiento

1. Friega la plata con detergente lavavajillas para eliminar cualquier resto de suciedad o grasa que pueda interferir en el proceso de electrólisis.
2. Reviste los laterales y la base de la cacerola con papel de aluminio.

3. A continuación, coloca los objetos de plata en la cacerola y cúbrelos de agua. Retira los objetos.
4. Coloca la cacerola en el fuego, añade tres cucharadas (45 ml) de bicarbonato de sosa y espera a que el agua hierva.
5. Coge los objetos de plata con las pinzas y, con cuidado, sumérgelos en el agua hirviendo. Transcurridos unos minutos, el deslustre habrá desaparecido.
6. Cuando los objetos vuelvan a tener el color de la plata, retíralos del fuego, cuidadosamente, con las pinzas e introdúcelos en la segunda cacerola, que previamente habrás llenado de agua fría.
7. Deja los objetos en un lugar seguro hasta que se enfríen.
8. Con las tenazas, retira un trozo de papel de aluminio de la cacerola, déjalo secar y obsérvalo detenidamente.

Resultado

Los objetos de plata recuperan el brillo. La lámina de aluminio tiene una apariencia de fragilidad y se ha vuelto quebradiza.

Explicación

Al añadir bicarbonato de sosa al agua has creado un electrólito (o líquido que conduce electricidad) a través del cual los electrones viajan libremente del aluminio a la plata. Al hervir el agua has generado calor, aumentando la velocidad de la interacción entre los metales.

Dado que un metal más activo pierde electrones en favor de un metal menos activo, el aluminio ha perdido electrones en favor de la plata. La hoja de aluminio se ha vuelto quebradiza porque gran parte de ella ha sido literalmente consumida por la plata. ¿Entiendes ahora por qué no se puede hacer el experimento con una cacerola de aluminio?

Bailarines

Material necesario
Papel de envolver
Fuente de aluminio para pasteles
Plástico transparente de cocina
Globo
Hilo de lana
Regla
Tijeras

La electricidad estática hace cosas extrañas: desde modificar la curvatura del agua hasta provocar relámpagos. También se puede ver electricidad estática en acción en la piruetas que hacen los trocitos de papel. Coloca las figuras de papel en la fuente, separadas las unas de las otras.

Procedimiento
1. Mide la profundidad de la fuente pastelera y recorta figuras del papel un poquito más pequeñas que la profundidad de la fuente.
2. Tapa la fuente con plástico transparente de cocina.
3. Ténsalo bien para conseguir mejores resultados.
4. Hincha el globo. Haz una bola con el hilo de lana y frótala contra el globo hasta que empieces a oír el chasquido de la electricidad estática.

5. Finalmente, pasa la lana por encima del plástico transparente.

Resultado

Las figuras se mueven y parece que bailen. Apaga las luces y verás a los bailarines iluminados.

Explicación

La electricidad estática consiste en partículas de carga positiva o negativa que se atraen o repelen al pasar de un material a otro. La fricción de la lana con el globo proporciona a la lana carga positiva y al globo carga negativa. Por lo tanto, se atraen. Al desplazar la carga positiva desde la lana hasta la fuente de pasteles, la carga positiva de la lana atrae la carga negativa del plástico. Del mismo modo, la carga negativa del plástico atrae la carga negativa de las figuras de papel. La atracción de las cargas opuestas hace que las figuras dancen.

Bobina de inducción y galvanómetro

Material necesario

Barra imantada

1,5 m de cable de cobre esmaltado (no aislado)

Brújula

Vaso

4 flejadores

Regla

Tijeras

Este experimento nos remite a uno de los descubrimientos más importantes del siglo XIX: la inducción eléctrica. El término «inducción» significa que se puede crear electricidad en un conductor (cualquier material con capacidad para transportar electricidad) con un imán. A pesar de que hacía ya tiempo que se sabía que el hecho de hacer circular corriente eléctrica a través de un conductor producía magnetismo, no se descubrió que la acción opuesta también era cierta hasta que Michael Faraday, un científico inglés, lo descubrió por accidente. La inducción permitió generar electricidad en unas máquinas especiales —generadores—, introduciendo imanes en cables de cobre enroscados en forma de muelle.

Procedimiento

1. Enrolla el hilo de cobre en un vaso, dejando aproximadamente 45 cm de cable sin enroscar al principio y al final. El resultado debe ser una bobina de cable de cobre alrededor del vaso.

2. Libera el vaso y sujeta la bobina con 4 flejadores. La bobina tiene que quedar firme, compacta y los cables muy pegados los unos a los otros.

3. Para mostrar el flujo de electricidad a través de la bobina debes convertir la brújula en un aparato llamado galvanómetro. Un galvanómetro mide la corriente eléctrica moviendo la aguja de la brújula.

4. Coge los dos trozos de cable que has dejado sin enrollar y envuélvelos alrededor de la brújula, en la misma dirección, conectando los cables.

5. Ahora, todo está preparado. Sujeta la bobina con una mano y, muy lentamente, introduce y retira el imán de la bobina.

Resultado

La aguja de la brújula salta cada vez que pones el imán en la bobina.

Explicación

Cada vez que el imán entra en la bobina, el campo magnético que lo rodea produce corriente eléctrica en el cable: es la inducción. Cuando retiras el imán, la corriente se interrumpe. Si introduces y retiras el imán rápidamente, produces corriente alterna. Éste es el tipo de electricidad más común hoy en día.

Control de la corriente eléctrica

Material necesario

Lápiz blando (n.° 1 o n.° 2)

Pila de 6 voltios

Bombilla de 6 voltios (con rosca en la base)

2 m de cable de cobre aislado

2 sujetapapeles

3 chinchetas

Cinta aislante

Pieza de madera de 5 × 15 cm y 1,25 cm de grosor

Seguramente, debes tener en casa un interruptor especial que te permita encender y apagar la luz. Este tipo de interruptor, denominado reostato, fun-

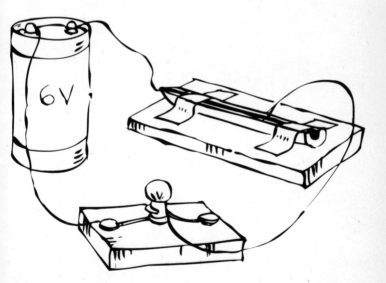

ciona haciendo circular corriente eléctrica a través de un mal conductor de la electricidad. La cantidad de corriente que pasa por un circuito de reostato depende de la cantidad de este material que coloques entre los dos puntos de contacto eléctricos. Este experimento demuestra este principio mediante la construcción de un reostato.

PRIMERA PARTE

Fabricar un aparato para probar lámparas

Procedimiento

1. Estira los dos sujetapapeles y, en uno de sus extremos, forma un bucle un poco más pequeño que el diámetro de la base de la bombilla.

2. En los otros extremos haz dos bucles pequeños por los que se puedan introducir las agujas de las chinchetas.

3. Si las chinchetas que tienes son de colores, rasca la pintura de una de ellas.

4. Corta dos trozos de 30 cm del cable de cobre y decapa 5 cm de aislante de las puntas de estas secciones.

5. Enrolla (cuatro vueltas) las partes decapadas en la chincheta sin color y clávala en el centro de la pieza de madera.

6. Coloca los dos sujetapapeles de forma que los bucles más grandes queden situados encima de la chincheta central. Clava las dos chinchetas restantes tal como se muestra en la ilustración de la página siguiente.

7. Alrededor de una de las dos chinchetas de color enrosca el extremo sin aislante del otro cable para que haga contacto con la chincheta y el sujetapapeles al mismo tiempo. Enrosca la bombi-

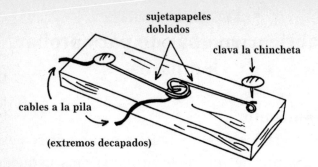

sujetapapeles
doblados

clava la chincheta

cables a la pila

(extremos decapados)

lla entre los bucles de los sujetapapeles del centro de la madera. Asegúrate de que la base de la bombilla está en contacto con la chincheta sin color, reajustando los sujetapapeles si es necesario.

SEGUNDA PARTE

Construcción del reostato

Procedimiento

1. Con la ayuda de una persona adulta, rasca el lápiz hasta que sólo quede el grafito del interior. Procura no romper el grafito.
2. Sujeta el «lápiz» en la otra madera, colocando dos trozos pequeños de cinta aislante en los extremos.
3. Corta el cable de cobre restante en tres trozos exactamente iguales. Decapa el aislante de las puntas.
4. Acopla los cables a la pila, al probador de lámparas y al lápiz, tal y como se indica en la ilustración de la página 51. Deja libre un extremo del cable.
5. Pasa el extremo libre por encima del grafito y observa la reacción de la bombilla.

Resultado

La intensidad de la luz se hace más fuerte a medida que el cable se desplaza desde el grafito del lápiz hasta el cable sujeto a la pila.

Explicación

Dado que el grafito es un mal conductor de la electricidad, cuanto más grafito pongas entre los dos cables, menos corriente eléctrica circulará de la pila a la bombilla.

¿Lo sabías?

Los reostatos no sólo se utilizan para regular la intensidad de la luz sino que también resultan útiles para controlar el volumen de los aparatos de radio, televisores y reproductores de CD. Asimismo, se utilizan para controlar el calor que produce un secador eléctrico o la velocidad de un coche o tren eléctrico de juguete. Siempre que tengas que regular la intensidad de la corriente puedes utilizar un reostato.

Flor electrostática

Material necesario

Percha de alambre de 30 cm

Pieza grande de papel de seda

Globo

Lápiz

Cinta aislante

Bolsa de plástico de polietileno
    (bolsa de limpieza en seco)

Se puede demostrar la electricidad estática de muchas maneras. Este proyecto utiliza una curiosa flor electrostática para mostrar cómo se repelen las cargas.

Procedimiento

1. Dobla los extremos de la percha en forma de dos bucles pequeños.
2. Recorta el papel en ocho partes de 25 × 0,5 cm.
3. Introduce las puntas de los trozos de papel en unos de los bucles y constríñelo para que no se caigan.
4. Con cinta aislante pega la parte posterior del lápiz a la mitad de la percha. Asegúrate de que la percha está bien pegada al lápiz y de que puedes sostener la flor sujetando el lápiz.
5. Hincha el globo. Frótalo con el plástico de polietileno durante 1 minuto.

6. Sujeta el globo, ahora cargado, con una mano y, con la otra sostén las flores (por el lápiz). Toca el globo con el gancho vacío.

Resultado

Los pétalos de la flor se separan en varias direcciones. Cuando interrumpes el contacto entre el globo y la percha, los pétalos se marchitan de nuevo.

Explicación

Todas las sustancias tienen unas partículas eléctricas con carga positiva llamadas protones y partículas negativas llamadas electrones. Cuando se

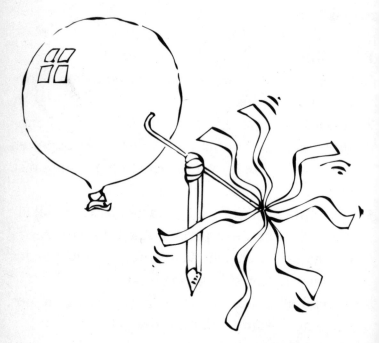

aparta un objeto por un período de tiempo, los protones y los electrones se equilibran, de forma que el objeto en cuestión pasa a tener carga neutra.

No obstante, cuando los objetos se frotan entre sí, los electrones se desplazan de un cuerpo a otro, aumentando la carga positiva de un objeto y la carga negativa del otro. Dado que la carga negativa atrae a la positiva, los objetos se juntan. Así como las cargas opuestas se atraen, las cargas iguales se repelen.

Frotar el globo con el polietileno le ha conferido una fuerte carga negativa que se transfiere a través de la percha y llega hasta los pétalos de la flor, de manera que cada pétalo adquiere una carga negativa. Dado que las cargas iguales se repelen, cada pétalo se separa de su pétalo vecino.

Media

Material necesario

Media de nailon
Bolsa de plástico de polietileno
    (bolsa de limpieza en seco)

Este experimento se lleva a cabo con una media de nailon para mostrar algunas de las peculiaridades de la electricidad estática.

Procedimiento

1. Coge la media por el pie, sujétala contra una pared y frótala con la bolsa de plástico de polietileno.
   Efectúa bastante presión a lo largo de toda la media.
2. Con cuidado, separa la media de la pared. Sobre todo, intenta que no toque ninguna superficie ni tu ropa.
3. Fíjate en lo que le sucede a la media.

Resultado

Las paredes de la media se repelen. La media adopta la forma de una pierna, ¡como si estuviera puesta!

Explicación

Todas las sustancias poseen un número equilibrado de partículas de carga eléctrica positiva, llamadas protones, y de partículas negativas llamadas electrones.

Ahora bien, cuando frotas determinados objetos entre sí, los electrones pasan de unos a otros. Esto significa que la carga positiva de uno de los objetos aumenta, al igual que la carga negativa del otro. Al igual que sucede con el magnetismo, la carga negativa atrae la positiva, mientras que las cargas iguales se repelen.

Frotar la media contra el polietileno ha transferido carga negativa de la bolsa a la media. Es decir, las paredes de la media estaban cargadas negativamente.

En resumen, lo que ha ocurrido es que se han separado las unas de las otras, llenando la media de aire.

Motor de corriente de fuga

Material necesario

Imán de herradura

Bandeja de aluminio pequeña

Aguja de coser

Corcho o un trozo pequeño de espuma
de poliestireno

60 cm de hilo fuerte

Muchos aparatos domésticos no existirían sin el magnetismo. Aunque es fácil comprender que los motores electromagnéticos nos ayudan a aspirar la suciedad del suelo o a poner en marcha reproductores de CD, no lo es tanto adivinar hasta qué punto los imanes intervienen en la vida moderna. ¿Es el poder de imantación su única característica útil o puede que también sea de utilidad el hecho de no poder atraer ciertos materiales? Este proyecto se adentra en el mundo de la atracción magnética débil. Estás a punto de comprender el funcionamiento de los electrodomésticos.

Procedimiento

1. Pincha en el centro del corcho (o de la espuma) con la aguja de coser de forma que la punta sobresalga.
2. Equilibra la bandeja de aluminio en la aguja de manera que pueda girar.

3. Ata con el hilo el imán de herradura y sujétalo por encima de la bandeja, tan cerca de ella como sea posible, pero sin tocarla.

4. Gira la cuerda unas veinte veces mientras sostienes el imán.

5. Deja de girarla y suelta el imán para que dé vueltas sobre la bandeja.

6. Fíjate en lo que le ocurre a la bandeja.

Resultado

La bandeja empezará a girar con el imán, pero no tan rápido.

Explicación

Si el imán sólo atrae el hierro, ¿qué es lo que está pasando? Evidentemente, existe algún tipo de fuerza magnética entre el imán y el aluminio. Mientras el imán de herradura da vueltas, se crea un motor de corriente de fuga encima de la bandeja de aluminio. A la vez, estas corrientes producen un campo magnético en la superficie de la bandeja de aluminio. El campo magnético da vueltas en la misma dirección que el imán y hace girar la bandeja. Cuanto más deprisa gire el imán, más poderoso será el motor de fuga y más extenso el campo magnético. ¿El resultado? La bandeja gira cada vez más deprisa, aunque nunca tanto como el imán.

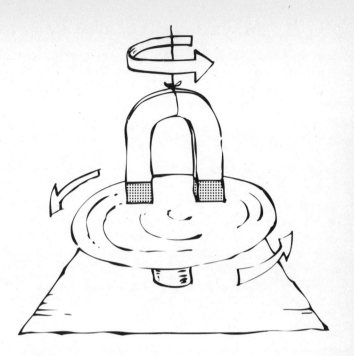

¿Lo sabías?

El velocímetro de un coche funciona con el principio de la corriente de fuga. A medida que el coche se mueve, un imán gira a una velocidad determinada, dependiendo de la velocidad del coche. Se trata de una ecuación llevada a cabo por ingenieros. El imán ejerce una fuerza en el disco, que está fabricado con un material no atractivo, como el aluminio. El disco contiene el punto del velocímetro que se mueve a contraescala, indicando la velocidad del coche.

Indicador de polaridad de una patata

Material necesario

Pila eléctrica

2 trozos de cable de cobre electroaislado, cada uno aproximadamente de 15 cm de largo

Tijeras

Cinta adhesiva de celofán

Patata

Cuchillo

Imagina que, después de hacer la compra en la tienda, tu mamá o tu papá no consiguiera arrancar el coche y necesitara batería. Dispone de un cable de acoplamiento, pero la batería es tan antigua que no se distingue el terminal positivo del negativo. Alguien se ofrece para remolcar el coche, pero su batería también es demasiado antigua. Debes descubrir cuáles son los terminales positivos y negativos de cada coche antes de poder efectuar el empalme. ¿Te atreves? En este experimento no utilizaremos una batería de coche. Con una pila eléctrica nos bastará... y es menos peligroso.

Procedimiento

1. Con las tijeras, corta 3,75 cm de plástico aislante de las puntas de los cables.

2. Coloca la pila eléctrica en posición horizontal.

3. Sujeta con cinta adhesiva de celofán los extremos de los cables a los laterales de la pila.

4. Corta una patata por la mitad de forma que obtengas una pieza amplia. Pide ayuda a un adulto si no estás habituado a manejar cuchillos de cocina.

5. Introduce los extremos libres de los cables en la parte blanca de la patata, separándolos al menos 7,5 cm.

6. Observa lo que ocurre cuando los cables se ponen en contacto con la patata.

Resultado

Se forman pequeñas burbujas alrededor de un cable, y el otro cable adquiere una tonalidad verdosa.

Explicación

El líquido de la patata reacciona con la corriente eléctrica de una forma peculiar. El cable sujeto al terminal positivo de la pila forma burbujas cuando entra en contacto con la patata. Esto se debe a que los protones con carga positiva reaccionan de una manera específica con las sustancias químicas de la patata. A veces, esta reacción no se aprecia muy bien, incluso puede ser que no veas nada.

El cable sujeto al terminal negativo de la pila ocasiona el color verdoso. Este efecto es más notorio y sucede cuando los electrones con carga negativa reaccionan con la química de la patata. En cualquier caso, transcurridos 2 o 3 minutos, está claro cuál es el terminal positivo y cuál es el negativo de la pila. En una pila eléctrica es fácil determinar la polaridad, pero esta sencilla prueba de la patata te ayudará a encontrar también la polaridad de la batería de un coche.

¿Lo sabías?

Al lado de una patata, el ácido cítrico de una naranja o de un limón responde a una corriente eléctrica. Los científicos dieron el nombre de electrólito a cualquier material conductor del flujo de corriente entre dos polaridades eléctricas. No obstante, un electrólito difiere de un simple conductor porque reacciona de una forma más poderosa ante una carga eléctrica que ante otra. Ésta es la razón por la cual es posible que no veas burbujas en la terminal positiva de tu indicador de polaridad de patata, pero el conductor de la terminal negativa siempre se volverá verde.

Chispas y ondas

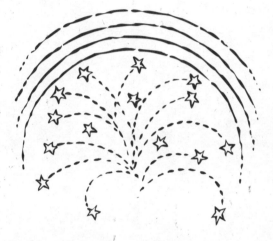

Generador de agua electrostático

Protobatería: la pila voltaica

Campos magnéticos de un conductor

Vista macroscópica de los dominios magnéticos

Botella de Leyden

Disco electróforo

Emisiones desde el ordenador

Comparación de la conducción térmica en cuatro metales

Energía eléctrica de una termopila

Punto Curie del gadolinio

Generador de agua electrostático

Material necesario

3 cubos de plástico (uno desechable)

6 vasos grandes de espuma de poliestireno
del mismo tamaño

2 pipetas cuentagotas con válvulas reguladoras
(tienda de enseres médicos o científicos)

Escalera de mano

Escobilla de mano

Tubería (en una ferretería)

Tubo de goma estrecho de 1,5 m de largo

2 perchas de cable sin pintar

2 ladrillos

Alicates

Taladro

Masilla de silicona

Tijeras

Este proyecto utiliza agua del grifo para demostrar cómo se puede crear el alto voltaje de la electricidad estática con la presión que ejerce el aire sobre una gota de agua que cae.

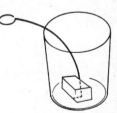

**Conjunto
de percha,
ladrillo y cubo**

Procedimiento

1. Utiliza los alicates para cortar los ganchos de las per-

chas y luego dales la forma que se indica en la ilustración de la página anterior. Asegúrate de que el bucle de los extremos no sea mayor de 1 cm.

2. Dobla un extremo de cada percha en forma de L y colócalo debajo de un ladrillo.

3. Coloca dos cubos encima de los vasos de espuma de poliestireno, de manera que las paredes de los cubos disten 5 cm entre sí.

4. Coloca las pipetas en la tubería, apuntando hacia el suelo. Acopla un tubo de goma a la tubería, dejando un extremo libre para conectarlo al tercer cubo.

5. Acopla la tubería y las pipetas a la escobilla. Colócala debajo de la escalera y pega la escobilla en los escalones. Pon la escalera encima de

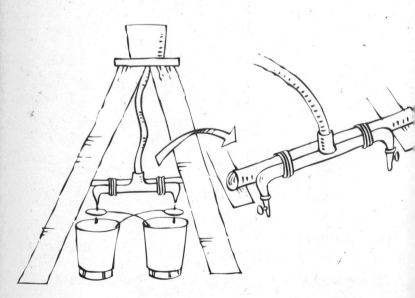

los dos cubos, de tal modo que cada pipeta quede situada encima de cada cubo.

6. Coloca los extremos rectos de las perchas dentro de los cubos y cruzados. Los bucles deben quedar exactamente debajo de las pipetas. No puede haber más de 1 cm de separación entre las perchas en el punto donde se cruzan. Véase la ilustración.

7. Practica un orificio en el lateral del tercer cubo, cerca de la base. Coloca el extremo del tubo de goma en el agujero y pégalo con masilla de silicona.

8. Coloca el tercer cubo con el tubo de goma encima de la escalera y llénalo de agua.

9. Abre una de las pipetas y ajústala para que el chorro de agua pase exactamente por dentro del bucle de la percha. Transcurrido 1 minuto, abre la otra pipeta y ajústala de la misma manera.

Resultado

Transcurridos 2 minutos, las gotas evitan caer directamente en sus cubos. Giran, saltan y se desplazan hasta el otro cubo. A medida que el proceso continúa, las gotas parecen flotar y desparramarse en todas direcciones. Un repentino chispazo eléctrico entre los dos cables restaura la neutralidad, pero a medida que las gotas van cayendo, el proceso se repite.

Para que el proyecto salga bien, debes tener paciencia y ajustar muy bien las pipetas. Si no sucede nada transcurridos 2 minutos, asegúrate de que las perchas no estén demasiado separadas (más de 1 cm) en el punto donde se cruzan. Asegúrate también de que las gotas caigan dentro de los bucles. Si ajustas bien los aparatos y el aire está suficientemente seco, obtendrás un resultado espectacular.

Explicación

Los protones y los electrones (las cargas positivas y las negativas) existen en cantidades similares en todas las sustancias. Es decir, la mayoría de las cosas son eléctricamente neutras. Se puede desequilibrar esta balanza muy fácilmente, frotando un objeto con otro, como por ejemplo, lana y plástico, papel con un peine o tus pies en una alfombra. El generador electrostático utiliza la fricción del aire sobre las gotas de agua para separar las cargas negativas de las positivas en el agua del grifo.

Cuando has abierto la primera pipeta, las gotas de agua han caído a través de los bucles, perdiendo, de esta forma, electrones. Estos electrones han sido transportados a través del cable hasta el agua del cubo 2. Las gotas, libres de electrones y ahora cargadas de forma positiva continuaron cayendo en su correspondiente cubo 2. Transcurrido 1 minuto, el agua del cubo 2 tendrá carga negativa y la del cubo 1 positiva. Los vasos de espuma de poliestireno actúan de aislantes y mantienen la carga de los cubos, evitando que se transfiera al suelo.

Al abrir la segunda pipeta, las gotas se resisten a caer rectas a causa de la fuerte carga negativa del agua que está justo debajo de ellas. Recuerda que las cargas iguales se repelen. La misma situación se da con las gotas de la primera pipeta; la carga negativa del cubo repele cada gota que cae.

¿Qué ha ocurrido? La mayoría de gotas dejan de caer rectas porque se ven atraídas por el cubo que no está justo debajo de ellas, ya que posee una carga eléctrica opuesta. Algunas gotas siguen cayendo en el cubo situado justo debajo de ellas pero se escinden en dos. Pronto empiezan a verse gotas esparciéndose por todas partes, incrementando continuamente las cargas en los cubos. La electricidad estática construye un nivel de descarga y da un chispazo en el punto donde se cruzan las dos perchas. El chispazo restaura la neutralidad eléctrica durante un rato, pero en seguida se repite el proceso hasta provocar otra descarga.

Protobatería: la pila voltaica

Material necesario

10 monedas de cobre

10 monedas que no sean de cobre

Plato

Toallas de papel

Zumo de limón (puede ser envasado)

Aro de goma

Tijeras

Galvanómetro
   (véase Energía eléctrica
   de una termopila)

El físico italiano Luigi Galvani, diseccionando una rana un día de 1780, se dio cuenta de que sus patas —el animal estaba muerto— se sacudían cuando las tocaba con sus cuchillos de cobre y de hierro al mismo tiempo.

Se lo mostró a su amigo Alexandro Volta, que rápidamente comprendió que la sacudida se debía a la energía eléctrica generada por los dos metales separados por algo húmedo. Volta no tardó en empezar a fabricar pilas de diferentes metales separadas por piezas de tela mojadas con ácido acético o salmuera.

Esta pila voltaica, tal como se la conoció, producía una corriente de electricidad cuando era necesario. Fue la primera pila. En este proyecto construirás una réplica en miniatura del gran invento de Volta.

Procedimiento

1. **Dobla** las toallas de papel en 19 cuadrados, cada uno del tamaño de un sello, aproximadamente.
2. **Amontona** las monedas alternando las de cobre y las demás, pero coloca un trozo de toalla entre cada moneda.
3. **Deja** el montón a un lado en el plato y envuélvelo con el aro de goma para que quede sujeto.
4. **Pasa** los cables del galvanómetro por debajo del aro de goma en los extremos de la pila. Observa la aguja del galvanómetro.
5. **Con** cuidado, vierte el zumo de limón encima de la pila, asegurándote de que moje los trozos de toalla entre las monedas. Vuelve a observar el galvanómetro.

Resultado

La aguja del galvanómetro no se mueve cuando enganchas los cables al montón de monedas secas. Pero al añadir el zumo de limón, la aguja ha girado casi 90°, indicando que una corriente de electricidad circulaba por la pila.

Explicación

A diferencia de la electricidad estática que existe

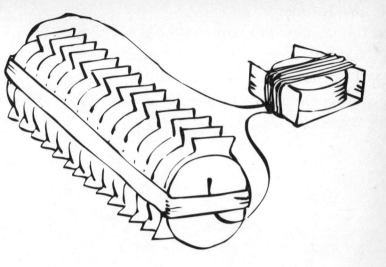

en un campo alrededor del material conductor, la corriente eléctrica fluye a través de un material conductor. Cuando separamos dos materiales diferentes (los electrodos de la pila) con un líquido conductor como el zumo de limón (el electrólito), el zumo reacciona con el material más activo eléctricamente y hace que los electrones (o electricidad) fluya hacia el material menos activo.

Puedes pensar en la corriente eléctrica como en el agua que fluye desde un sitio elevado hacia un sitio más bajo. En este caso, la electricidad ha viajado desde la moneda de cobre hasta la moneda que no contiene cobre y ha seguido fluyendo por toda la pila.

¿Lo sabías?

La pila moderna es muy similar al diseño de la pila voltaica. Pero en lugar de monedas, se coloca cinc alrededor de carbón, y como electrólito se emplea una combinación más activa de amoníaco y cloruro de cinc.

Campos magnéticos
de un conductor

Material necesario

Percha de abrigo o 60 cm de cable rígido

2 trozos de cable de cobre aislado
   (revestido de plástico)

2 pilas eléctricas

Cinta aislante

Cartulina

Limaduras de hierro

Cucharita de 5 ml

Tijeras

Alicates

Este experimento demuestra que todo conductor de la corriente eléctrica está siempre rodeado de un campo magnético. El campo magnético tiene una forma característica que se revela con la ayuda de limaduras de hierro.

Procedimiento

1. Utiliza los alicates para doblar la percha o el cable hasta que adquiera la forma indicada en la ilustración.

2. Introduce el extremo recto de la percha en el centro de la cartulina y deslízala un poco hacia abajo.

3. Con las tijeras, decapa 1,50 cm de plástico aislante de los extremos de cada trozo de cable.

4. Engancha las dos pilas eléctricas, asegurándote de que la terminal negativa de una está en contacto con la terminal negativa de la otra.

5. Acopla los extremos de los cables (sin aislante) a las terminales de las pilas eléctricas.

6. Conecta uno de los cables a la base de la percha y deja el otro cable libre.

7. Con cuidado, vierte una cucharadita de limaduras de hierro alrededor del cable. Espárcelas de manera que casi cubran la cartulina.

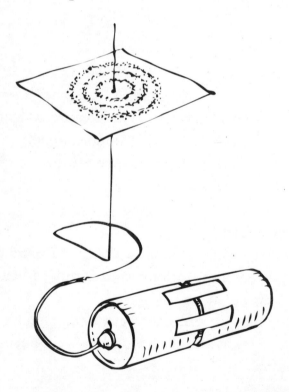

8. Conecta el cable libre en la punta del cable que está en posición vertical.
9. Con cuidado, da unos cuantos golpecitos en la cartulina y observa lo que ocurre con las limaduras de hierro.

Resultado

Con unos ligeros golpecitos, las limaduras de hierro formarán series de círculos concéntricos con el cable en el centro. Desconecta el cable superior, vuelve a golpear la cartulina y los círculos desaparecen. Vuelve a conectar el cable y los círculos reaparecen. La posición de los círculos refleja la circulación de corriente eléctrica a través de la percha.

Explicación

Por la posición de los círculos podemos deducir que existe un campo magnético en canales concéntricos que se expanden desde la percha. Los canales muestran la presencia, no la dirección, de la corriente eléctrica. Si invertimos la marcha de los cables en la percha, la corriente fluirá en sentido contrario, pero los círculos serán idénticos. Aunque los científicos han trabajado con ahínco para diseñar cables que minimicen los campos electromagnéticos, este fenómeno existe en casi todos los cables que se ven, y también en los que no puedes ver.

Vista macroscópica
de los dominios magnéticos

Material necesario

Tubo de ensayo tapado o envase
    de cepillo de dientes

Imán

Brújula

Limaduras de hierro

En la actualidad, gracias al estudio de la física atómica, los científicos conocen muchas más cosas acerca del magnetismo, especialmente de lo que ocurre a nivel molecular. Un descubrimiento importante de la teoría magnética fue el concepto de los dominios magnéticos, que existen en todos los materiales magnéticos. Un dominio magnético es un «vecindario» molecular en el cual todas las moléculas señalan hacia la misma dirección. Puedes pensar en un dominio magnético como en un imán pequeño situado en el interior de todos los materiales magnéticos o susceptibles de ser atraídos con un imán. Por ejemplo, un clavo de hierro, aunque no es un imán, contiene millones de dominios magnéticos.

¿Por qué un clavo de hierro no es un imán? Porque cada uno de sus dominios magnéticos apunta hacia una dirección diferente, y sólo con un poco de paciencia conseguirías que se alinearan y que el clavo convirtiera sus imanes en un imán de gran tamaño. Este orden es únicamente provisional, ya que los dominios pueden cambiar de dirección con mucha facilidad. En este proyecto, vas a demostrar la teoría de los dominios magnéticos utilizando un objeto de hierro sólido hecho con limaduras de hierro.

Procedimiento

1. Llena el tubo de ensayo o el envase de cepillo de dientes hasta la mitad de limaduras de hierro.
2. Pon la base del tubo cerca de una brújula. A continuación, coloca el extremo superior del tubo cerca de la brújula. Registra tus observaciones.
3. Frota suavemente el tubo hacia abajo 20 veces con el imán.
4. Repite el paso 2.
5. Agita el tubo con fuerza.
6. Repite el paso 2.

Resultado

La primera vez que acercas la brújula al tubo, la aguja es atraída por las limaduras de hierro. Después de frotar 20 veces el tubo con el imán, la aguja que señala el norte es atraída hacia un extremo del tubo, mientras que la que señala el sur es repelida. Este efecto se invierte cuando sostienes la

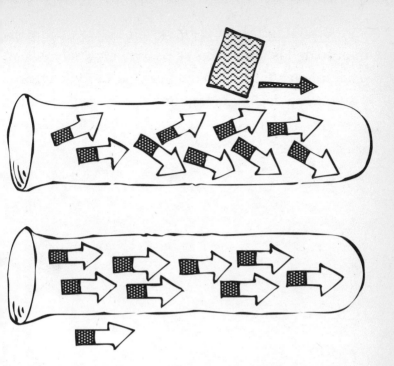

brújula hacia el otro lado del tubo de ensayo. Después de agitar el tubo, el resultado original se repite.

Explicación

Piensa en cada limadura de hierro como en una molécula. Cuando frotas el tubo con el imán, las moléculas se alinean en la misma dirección, de manera que el tubo se convierte en imán, con su polo norte y su polo sur. Lo hemos comprobado con la brújula.

Cuando agitamos el tubo de ensayo, el alinea-miento de las moléculas se destruye y vuelven a su posición original. Esto devuelve al tubo de ensayo a su estado desmagnetizado.

Botella de Leyden

Material necesario

Vaso de plástico fino

Papel de aluminio

Espuma adhesiva

Peine de plástico

10 sujetapapeles incoloros

Cable aislado

Cucharita de café o de 5 ml

Tijeras

Electróforo (Véase **Disco electróforo**)

La primera botella de Leyden fue construida por un matemático y científico holandés, Pieter van Musschenbroek, en la Universidad de Leyden, en Holanda. A pesar de que el fenómeno de la electricidad estática ya había sido observado y estudiado, muchos científicos lucharon para descubrir una forma de poner en marcha este tipo de fuerza tan extraña. La solución implicaba encontrar una forma de almacenar, guardar y acumular las descargas eléctricas cortas, que eran relativamente fáciles de producir. Con el diseño de la botella de Leyden, Van Musschenbroek inventó el primer aparato de almacenamiento de cargas eléctricas, también llamado condensador de capacidad fija.

Construcción de la botella de Leyden

Procedimiento

1. Pulveriza la base exterior y las paredes exteriores del vaso de plástico con espuma adhesiva, dejando sólo un cuarto de vaso sin espuma, cerca del borde.

2. Envuelve con un papel de aluminio las superficies con espuma del vaso. Con el dorso de una cucharita, frota el papel de aluminio para que se adhiera bien a la superficie del vaso.

3. Pulveriza la base y la pared interiores del vaso con espuma adhesiva y aplica papel de aluminio. Frótalo como antes.

4. Haz una cadena de sujetapapeles. Asegúrate de que la cadena es suficientemente larga como para que el último sujetapapeles quede tumbado en la base del vaso.

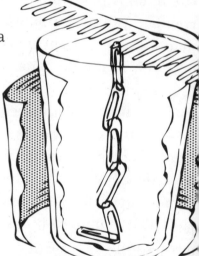

5. Introduce el último sujetapapeles entre las púas del peine de manera que esta parte del sujetapapeles quede sujeta al peine y actúe a modo de terminal.

Carga de la botella de Leyden

Procedimiento

1. Con las tijeras, decapa los extremos de un trozo de cable aislado.
2. Carga el electróforo tal y como se explica en **Vista macroscópica de los dominios magnéticos**.
3. Acerca la superficie del electróforo al sujetapapeles que sobresale de la botella de Leyden. Un chispazo saltará del electróforo hasta el sujetapapeles.
4. Repite el proceso diez veces. A continuación, utiliza un poco de cinta adhesiva para pegar el extremo no aislado del cable al aluminio exterior de la botella.

PRECAUCIÓN: No toques el aluminio y el sujetapapeles al mismo tiempo.

5. Con cuidado, pon el otro extremo sin aislar del cable cerca del sujetapapeles que sobresale y observa lo que ocurre.

Resultado

Un chispazo azul salta desde el cable hasta el sujetapapeles. La chispa es mucho más fuerte que la que produce el electróforo.

Explicación

Cada vez que el electróforo produce una descarga en la botella de Leyden, ésta almacena la carga. Después de almacenar diez cargas, la botella contiene una cantidad considerable de energía eléctrica. Has descargado la energía tocando el cable sin aislar con el sujetapapeles.

La botella de Leyden también puede producir una descarga en tu cuerpo si tocas el extremo sin aislar del cable y el sujetapapeles al mismo tiempo. Las botellas de Leyden son poderosos almacenes de energía; ¡podrías llevarte un buen susto!

El éxito que obtengas con tu botella de Leyden depende en gran medida de la calidad del vaso que utilices. Si con el vaso de plástico no consigues el resultado deseado, inténtalo con un vaso para análisis químico o de precipitados. Es más duro y optimizará el resultado.

¿Lo sabías?

A veces, la gente confunde el funcionamiento de una botella de Leyden con el de una pila voltaica o una pila eléctrica. Aunque son similares en muchos aspectos, el funcionamiento es completamente distinto. Mientras que una botella de Leyden almacena electricidad al igual que un bidón puede contener agua, una pila constituye un sistema más dinámico que genera corriente eléctrica separando dos metales distintos de diferentes conductividades con un líquido conductor o electrólito. El electrólito reacciona con más fuerza con el metal más conductor y permite que los electrones fluyan hacia el metal menos conductor, algo así como el agua fluyendo desde la montaña hasta el valle. Las diferencias de potencial eléctrico de los dos metales se denomina voltaje o tensión.

Disco electróforo

Material necesario

Disco de vinilo
Jersey o camiseta de lana
Tapa de metal de un bote de cristal
Clavija de madera de 1,25 × 30 cm
Papel de lija fino
Cola de carpintero

En 1775, Alessandro Volta inventó el electróforo. Buscaba un aparato sencillo que transportara cargas sucesivas de electricidad estática a una botella de Leyden para poder almacenar la energía (véase **Botella de Leyden**). Es un aparato poco complicado. Cuando comprendas las bases de funcionamiento de un electróforo, podrás introducir algunas modificaciones en el proyecto.

Procedimiento

1. Decapa la tapadera para eliminar la pintura. Mójala con agua para dejarla bien limpia y sécala.
2. Pega la tapa en un extremo de la clavija de madera. Asegúrate de que la clavija se puede sostener cómodamente sin tener que tocar directamente la tapa. Deja que la cola se seque.
3. Cuando estés preparado para utilizar el electróforo, frota el disco de vinilo con la lana du-

rante unos 30 segundos. Coge el electróforo por el mango y déjalo sobre la superficie del disco de vinilo. Toca el disco con un dedo de la otra mano durante un solo segundo; de esta forma proporcionas una conexión a tierra a la carga.

4. Con cuidado, levanta el electróforo del disco y acércalo a los nudillos de tu otra mano. Observa lo que ocurre.

5. Repite el paso 3 y lleva el electróforo cerca de un tirador de puerta. Observa el resultado.

Resultado

Una chispa azul salta, primero desde la superficie de la tapadera hasta los nudillos de tu mano, y

después desde la tapadera hasta el tirador de puerta. Dependiendo del tamaño del electróforo y de la sequedad ambiental, la chispa puede acercarse a los 6.000 voltios.

Explicación

En circunstancias normales, un objeto tiene el mismo número de carga negativa y positiva, o de electrones y protones. Esto significa que el objeto es eléctricamente neutro. No obstante, los electrones se pueden mover libremente, mientras que los protones permanecen más estacionarios.

Un electróforo funciona permitiendo que los protones cargados positivamente se adhieran a su superficie, al mismo tiempo que libera los electrones de carga negativa. Ello convierte la superficie de un electróforo en un almacén de protones y le proporciona una fuerte carga positiva. La carga sale en forma de chispa cuando el electróforo se acerca a un material neutro.

Cuando frotas el disco con la lana, proporcionas al vinilo una fuerte carga negativa. A causa de la rugosidad de la superficie del disco, los electrones se concentran en la superficie del disco, entre las arrugas. Los protones que se han liberado permanecen en la parte alta de las arrugas, donde el electróforo entra en contacto con ellas.

Si tocas el electróforo con los dedos cuando está encima del disco, estás permitiendo la dispersión de los electrones que permanecen en el electróforo y en el disco hacia tu cuerpo y el suelo. Esto deja sólo protones en el electróforo. De ahí que tenga una fuerte carga positiva.

Emisiones desde el ordenador

Material necesario
Ordenador
Aparato de radio AM/FM

Aunque pueda parecer extraño, un ordenador emite ondas de radio, tal y como lo demostraremos en el siguiente proyecto.

Procedimiento

1. Pon la radio en posición AM y gira el dial para oír el chispeo estático entre las emisoras.
2. Pon en marcha el ordenador. Escucha los cambios de sonido de la radio.
3. De forma gradual, acerca la radio a la torre. Registra la distancia en la cual el chispeo se hace más fuerte y coloca allí el aparato de radio.
4. Introduce un disquete en el ordenador y escucha los cambios en los chispeos.
5. Apaga la pantalla pero deja el disco duro en marcha y escucha los cambios en los chispeos.
6. Apaga el ordenador y deja la pantalla en marcha y escucha los cambios en los chispeos.
7. Busca el procesador de velocidad de tu ordenador (está escrito en la etiqueta posterior de la torre) y sintoniza la radio en FM.
8. Sintoniza la radio a la misma velocidad que el procesador. Por ejemplo, si el procesador de ve-

locidad de tu ordenador marca 100 megahertzios (MHz), sintoniza la radio hasta el dial 100 y repite los pasos del 2 al 6.

9. De la información que hayas obtenido, intenta determinar en qué frecuencia (FM o AM) los chispeos estáticos eran más pronunciados.

Resultado

Aunque ambas frecuencias, AM y FM, interfieren en el ordenador, las interferencias son más pronunciadas en AM. Esta frecuencia detecta las interferencias más lejanas que las que puede detectar FM. Las ondas de radio viajan de manera diferente en FM. En AM y FM la estática es más fuerte cuando se obliga al ordenador a realizar alguna tarea, como por ejemplo, reconocer un disco. Si se apaga el procesador mientras la pantalla permanece en funcionamiento, la estática disminuye considerablemente, mientras que si se detiene el monitor y se deja la torre en marcha, la estática disminuye muy poco.

Explicación

Las ondas de radio que emanan de tu ordenador son otro tipo de energía electromagnética. Ésta es la razón por la cual aparatos que no tienen nada que ver con la comunicación emitan ondas de radio que pueden interferir con los aparatos de comunicación. Por esta razón, los pilotos de vuelos comerciales siempre ruegan a los pasajeros que apaguen sus ordenadores portátiles durante el despegue y el aterrizaje, ya que la radio de comunicación con la torre de control es un instrumento esencial.

Comparación
de la conducción térmica
en cuatro metales

Material necesario

Láminas de cobre, hierro, latón y aluminio,
   del mismo tamaño y espesor
4 ladrillos del mismo tamaño
Vela
Cortador de chapa
Cronómetro o reloj con segundera

Cada metal tiene sus propiedades eléctricas y magnéticas, y el hecho de que los metales puedan conducir el calor puede revelar muchas cosas de su estructura molecular. Este proyecto compara la conductividad térmica de cuatro metales: cobre, hierro, aluminio y latón.

Procedimiento

1. Utiliza el cortador de chapa para cortar las cuatro láminas de forma que se puedan unir en un punto.

2. Prende la vela y deja que se derrita un poco de cera alrededor de la llama. A continuación, con cuidado deja caer una gotita de cera sobre el extremo cuadrado de cada lámina de metal. Si cae más de una gota, déjala secar y ráscala con

la uña. Cada gota de cera contiene aproximadamente 1 ml de material.

3. Coloca 4 ladrillo juntos (véase ilustración). Coloca las láminas de metal encima de los ladrillos de manera que sus puntas se unan.

4. Pon la vela debajo del punto de unión de los metales. La mecha de la vela debe distar 1,50 cm del metal.

5. Con cuidado, prende la vela, pon en marcha el cronómetro y observa la gota de cera de cada lámina de metal. Registra el tiempo que tarda en licuarse.

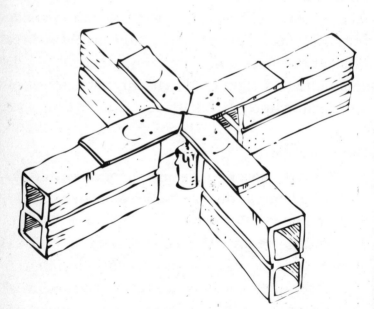

Resultado

El mejor conductor térmico de los cuatro metales derretirá antes la cera. Registra el intervalo de tiempo que tarda cada gota en derretirse y deduce cuál de los cuatro metales tiene la mayor conductividad térmica. A pesar de que deberías experimentarlo por ti mismo, aquí tienes los conductores, del mejor al peor: cobre, aluminio, latón y hierro.

Explicación

La conductividad, tanto eléctrica como térmica, depende de la estructura atómica del material. Los buenos conductores están compuestos de átomos con electrones moviéndose libremente. Esto significa que los electrones del átomo no permanecen en órbitas fijas alrededor del núcleo del átomo, sino que se mueven en un estado más «fluido» que permite a las energías eléctrica y térmica pasar por ellos. Además, existe un fuerte vínculo o enlace metálico entre los electrones y su núcleo. Los materiales no conductores, como la madera o el cristal, se unen mediante enlaces covalentes. Los electrones de estas sustancias se pegan al núcleo y los átomos quedan fijados en una posición que no les permite moverse libremente. Puedes visualizar un enlace metálico imaginando una cortina de anillos, y el enlace covalente como un eslabón de la cadena.

Como resultado de la absorción del calor, las moléculas de diversos metales reciben más energía, lo cual incrementa su velocidad. Los diferentes metales requieren distintas cantidades de calor para alcanzar el mismo grado de energía interna o de movimiento molecular. La cantidad de calor que hace falta para elevar la temperatura de una sustancia por la unidad cantidad de calor que se requiere para incrementar la temperatura de una masa igual de una sustancia diferente (normalmente, agua) se denomina calor específico.

Energía eléctrica
de una termopila

Material necesario

4 cables de hierro de 90 cm

5 cables de cobre del mismo tamaño

90 cm de cable de cobre electroaislado

Cartulina

Brújula

Tijeras

Cinta adhesiva transparente

Secador de pelo

Para medir el producto electromagnético de una termopila, primero debes construir un sencillo aparato llamado galvanómetro. El galvanómetro percibe la corriente eléctrica mediante el movimiento de una aguja. Es la razón por la cual una brújula es un buen punto de partida.

Construcción de un galvanómetro de brújula

Procedimiento

1. Corta la cartulina en forma rectangular, del ancho de la brújula y suficientemente largo para hacer un dobladillo en los lados.

2. Coloca la brújula dentro de su caja, asegurándote de que la aguja apunta a uno de los dobladillos.

3. Envuelve 90 cm de cable de cobre alrededor de la caja y la brújula de forma que tengas unos 30 cm de cable sin enrollar en cada lado de la brújula. Para poder leer el galvanómetro con mayor facilidad, envuelve el cable de cobre alrededor de la orientación norte-sur de la aguja.

4. Utiliza las tijeras para decapar al menos 2,5 cm del plástico aislante de los extremos del cable de cobre electroaislado. Utiliza los extremos sin aislar para conectar el galvanómetro a algún aparato.

Termopila

Procedimiento

1. Enrosca un trozo de cable de hierro alrededor de un trozo de cable de cobre hasta formar una bobina.
2. Repite el proceso del paso 1 con todos los trozos restantes de cable de hierro y de cobre. Tendrás cuatro cables para girar.
3. Gira los cuatro cables juntos. Conseguirás una pieza gruesa consistente en cuatro cables de hierro y cuatro de cobre. Será la bobina conductora para tu termopila.
4. Dobla la bobina. Forma cuatro bifurcaciones (véase la ilustración).

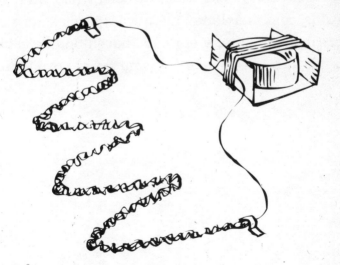

5. Tiende la bobina y engancha cada extremo de la termopila en un cable de los del galvanómetro.

6. Sujeta el secador de pelo a unos 10 cm de la termopila. Observa el movimiento de la aguja en el galvanómetro.

Resultado

A medida que la bobina se va calentando, la aguja de la brújula se aleja de su orientación inicial norte-sur, indicando que la corriente eléctrica se está produciendo por la acción del calor en la bobina.

Explicación

Algunos metales, cuando se les coloca juntos, tienen la capacidad de transformar el calor de emisión —el calor que fluye en ondas a través del aire— en energía eléctrica. Los científicos llaman a estas combinaciones metálicas parejas termoeléctricas. El cobre y el hierro hacen una de estas parejas; otra, la forman el bismuto y el antimonio.

El punto Curie del gadolinio

Material necesario

2 imanes potentes del mismo tamaño

Trozo pequeño de lámina de gadolinio
    (tienda de material científico)

30 cm de hilo

Montón de libros

Regla

Cinta adhesiva

Flexo con bombilla de 100 vatios

Termómetro

Reloj con manecilla segundera

Mesa plegable

Este proyecto demuestra que las propiedades magnéticas de un material pueden cambiar bajo determinadas circunstancias. El metal gadolinio es uno de estos materiales.

Procedimiento

1. Amontona dos columnas de libros de la misma altura.

2. Sujeta un imán en cada montón de libros, de forma que 2,5 cm de imán sobresalgan de cada montón. Asegúrate de que el extremo positivo de un imán sobresale de un montón y el negativo del otro. Ajusta los montones de libros de

manera que entre ellos quede una separación de 2,5 cm.

3. Monta la mesa plegable y pega un extremo de la regla en el borde, de forma que sobresalgan 5 cm.

4. Recorta un cuadrado de 2,5 cm de lámina de gadolinio y pégalo con tan poca cinta adhesiva como sea posible a un extremo del hilo. Sujeta a la regla el otro extremo.

5. Coloca la lámina de gadolinio entre los imanes. El hilo debe estar bien tenso.

6. Quizá tengas que ajustar la posición de la regla y del hilo para asegurarte de que el gadolinio que-

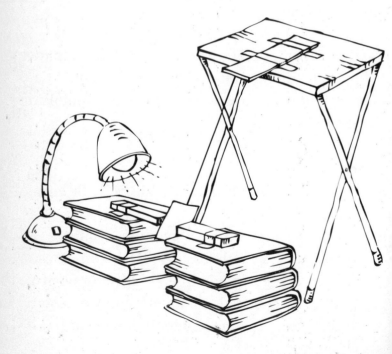

da en medio de los imanes y de que el hilo queda tensado.

7. Con cuidado, coloca el termómetro en uno de los imanes.

8. Pon el flexo de forma que la bombilla diste 12,5 cm de la lámina de gadolinio suspendida.

9. Enciende la lámpara y observa la lámina. Registra el tiempo en el reloj y mira el termómetro.

Procedimiento

Transcurridos unos cuantos minutos, la lámina resbalará y se alejará de los imanes.

Registra el tiempo de caída y la temperatura en el termómetro.

Explicación

Al calentar la lámina con la lámpara, el gadolinio pierde sus propiedades magnéticas. El gadolinio es una tierra rara y se comporta como el hierro cuando se expone a la temperatura ambiente. Pero cuando se calienta pierde sus propiedades magnéticas. Los científicos denominan la temperatura en la que un metal pierde su magnetismo Punto Curie, descubierto por el físico francés Pierre Curie. El Punto Curie para el gadolinio se registra en el termómetro. Debería estar entorno los 28° Celsius o centígrados (82,4° Farenheit).

Cada metal tiene su propio Punto Curie. Por

ejemplo, el hierro pierde su magnetismo a 800 °C, (1.472 °F), y el níquel lo pierde a 350 °C (662 °F). En cada caso, calentar el metal causa una excitación en los átomos que hace que pierdan su onda magnética.

Conocer el Punto Curie de un metal es importante para diseñar máquinas complejas que utilizan imanes, especialmente las que funcionan en entornos físicos exigentes.

¿Lo sabías?

A pesar de que el calor aplicado a ciertos materiales puede hacerles perder el magnetismo que poseían, al enfriar otros se les puede conferir atracción magnética (véase **Motor de corriente de fuga**). El aluminio, por ejemplo, se comporta de un modo más similar al hierro cuando se enfría. Algunas tierras raras, cuando se enfrían mucho con nitrógeno líquido, se convierten en superconductores de energía electromagnética y tienen propiedades magnéticas.

Convertir los grados Celsius en Fahrenheit y viceversa

Para convertir los grados Celsius en Fahrenheit, debe multiplicarse la temperatura Celsius por 9, dividir el producto entre 5 y sumarle 32. La fórmula es la siguiente:

$$(°C \times 9 / 5) + 32 = °F$$

$$28 °C \times 9 = 252$$
$$252 / 5 = 50,4$$
$$50,4 + 32 = 82,4 °F$$

Para convertir los grados Fahrenheit en Celsius, se debe restar 32 de la temperatura en grados Fahrenheit, multiplicar la diferencia por 5 y dividir el producto por 9. La fórmula es la siguiente:

$$(°F - 32) \times 5 / 9 = °C$$

$$82,4 °F - 32 = 50,4$$
$$50,4 \times 5 = 252$$
$$252 / 9 = 28 °C$$

EL JUEGO DE LA CIENCIA

Títulos publicados:

**1. Experimentos sencillos
con la naturaleza** - *Anthony D. Fredericks*

2. Experimentos sencillos de química - *Louis V. Loeschnig*

**3. Experimentos sencillos
sobre el espacio y el vuelo** - *Louis V. Loeschnig*

**4. Experimentos sencillos de geología
y biología** - *Louis V. Loeschnig*

**5. Experimentos sencillos
sobre el tiempo** - *Muriel Mandell*

**6. Experimentos sencillos sobre
ilusiones ópticas** - *Michael A. DiSpezio*

**7. Experimentos sencillos de química
en la cocina** - *Glen Vecchione*

**8. Experimentos sencillos con animales
y plantas** - *Glen Vecchione*

**9. Experimentos sencillos sobre el cielo
y la tierra** - *Glen Vecchione*

**10. Experimentos sencillos
con la electricidad** - *Glen Vecchione*

**11. Experimentos sencillos sobre las leyes
de la naturaleza** - *Glen Vecchione*

Kathy Wollard

El libro de los porqués

Lo que siempre quisiste saber sobre el planeta Tierra

Las más interesantes preguntas sobre el mundo y sus pobladores encuentran en este fascinante libro respuestas sencillas y amenas, tan rigurosas como un artículo científico y tan divertidas como un cuento ilustrado.

252 páginas
Formato: 19,5 × 24,5 cm
Singulares

Kathy Wollard

El porqué de las cosas

Las más interesantes preguntas sobre el universo y los cuerpos celestes que contiene, así como sobre las leyes físicas que rigen ciertos fenómenos del mundo que nos rodea, encuentran en este fascinante libro respuestas rigurosas, sencillas y amenas.

240 páginas
Formato: 19,5 × 24,5 cm
Singulares

Edición a cargo de Hampton Sides

Los enigmas de la naturaleza

Hampton Sides ha estado contestando durante años
en la revista *Outside* las más insospechadas y extravagantes
preguntas de sus lectores sobre la vida animal y sobre
el mundo en general. Las respuestas más interesantes
se recogen en este ameno libro, que nos lleva a conocer
mucho mejor el fascinante mundo en que vivimos.

208 páginas
Formato: 19,5 × 24,5 cm
Singulares

Linda Hetzer

Juegos y actividades
para hacer en casa

Más de 150 actividades. Grandes aventuras, trucos
mágicos para asombrar a tus amigos, diversiones
misteriosas y mucho más. Puedes realizarlas solo, o bien
acompañado de tus hermanos, tus amigos o todo
el vecindario. ¡Desterrarás para siempre el aburrimiento!

240 páginas
Formato: 24,5 × 19,5 cm
Singulares